골프 생각
생각 골프

골프 생각 생각 골프

초판 인쇄일   2024년 6월 24일
초판 발행일   2024년 7월 15일

지은이   강찬욱

펴낸이   김찬희
펴낸곳   끌리는책

출판등록 신고번호 제25100-2011-000073호
주소   서울시 구로구 연동로11길9, 202호
전화   영업부 (02)335-6936 편집부 (02)2060-5821
팩스   (02)335-0550
이메일   happybookpub@gmail.com
페이스북   happybookpub
블로그   blog.naver.com/happybookpub
포스트   post.naver.com/happybookpub
스토어   smartstore.naver.com/happybookpub

ISBN 979-11-87059-99-8 03690
값 15,000원

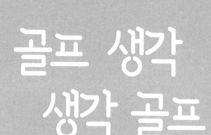

골프 생각
생각 골프

● 강찬욱 지음

골프
생각

골프는 '생각하는 운동'이다.

아니

생각이 너무 많아서 문제인 운동이다.

잔디 위를 걸으며 지난 샷을 생각하고

골프 클럽을 들고 다음 샷을 생각한다.

생각은 다른 생각을 낳고

나의 머릿속에서 함께 걷는다.

때론 사람과 관계를 생각하고 인생을 생각한다.

그 생각들이

골퍼의 말이 되고 대화가 된다.

그 말들을 글로 쓴다면 어떤 글이 될까?

작은 볼을 때리고 홀에 넣는,

단순해 보이는 이 게임에

얼마나 큰 세계가 함축되어 있는지

압축된 글로 보여주고 싶었다.

골프는 방대한 지식의 서고처럼

수많은 이야기를 이미 소장하고 있지만,

지금까지 쓴 글과는 다른 글을 쓰고 싶었다.

참 생각이 많아지는 골프다.

CONTENTS

프롤로그   골프 생각   4

골프의 기쁨(흠)

인생 '첫 라운드'를 앞둔 당신에게   14
골프를 조금 늦게 시작한 분들에게   17
알다가도 모를   20
골퍼의 새해 인사   21
진입로   22
첫 홀 1   24
하늘로   25
보인다   27
좋은 동반자   28
동반자   29
골프 환자 1   30
골프 환자 2   31
골프 환자 3   32
천재와 천치   33
벙커 1   34
트러블샷   35
홀인원   36
긴 골프   37

우리를 화나게 하는 골프(怒)

골·프·현·타 받아들여야 덜 아프다   40
골프라는 병   43
화병   44
라이벌   45
골프를 해보면   46

14개 클럽   47

티(Tee)   48

신 모델   49

멀리건   50

뒤땅   50

벙커 2   51

모르겠다   52

방심   53

골프가 그대를 슬프게 할지라도(哀)

골프가 그대를 슬프게 할지라도   56

골프 후회   59

괜찮아   61

일희일비   62

골프만큼   64

그만   65

구력 1   66

아는데   67

어색   68

1번 홀, 10번 홀   69

외면   70

요요   71

골프 성적   72

고수와 하수 1   73

고수와 하수 2   74

멀리권   75

오늘은, 오늘도   76

인생 같은 벙커   77

그린   78

이상한 산수   79

로스트볼   80

나쁜 볼   81

나의 스윙   82

로브샷   83

피니시   84

비거리   85

뒤땅 2   86

헤드업   87

백스윙   88

몸과 맘   89

파5   90

골프 환자 4   91

골프로 즐겁지 아니한가(樂)

골퍼가 멋있어 보일 때   94

이런 동반자를 잃지 마세요   97

골프장에 와서야   101

보자   102

사람이 코스다   103

동반자를 좋아해야   104

골프하기 좋은 계절   105

라운드 전날 밤   106

나도 모르게   108

야간비행   109

그냥 즐겨   112

골프 가방   113

골프 망언 1   115

골프 망언 2   116

소근소근   117

골프 환자 5   118

공놀이   119

골프라는 지독한 사랑(愛)

골프라는 '지독한 사랑'	122
홀	125
첫 홀 2	126
골프는 연애와 같다 1	127
골프는 연애와 같다 2	128
잘하고 싶다	129
어프로치	130
골프가 인생에 가르쳐준 것 1	131
밀당	132
골프는 연애와 같다 3	133
골프는 연애와 같다 4	134
볼	135
골프는 연애와 같다 5	136
골프는 'keep'	137

골프 때려치우고 싶을 때(惡)

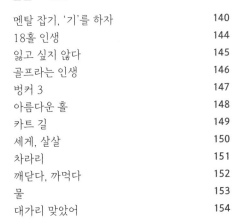

멘탈 잡기, '기'를 하자	140
18홀 인생	144
잃고 싶지 않다	145
골프라는 인생	146
벙커 3	147
아름다운 홀	148
카트 길	149
세게, 살살	150
차라리	151
깨닫다, 까먹다	152
물	153
대가리 맞았어	154

무서운 사람　　　　　　　　155
지금의 라이　　　　　　　　156

골프가 인생에 가르쳐준 것들(慾)

연습보다 실전에서 잘하고 싶은 당신에게　160
나의 도전은 아직 끝나지 않았다　　164
승부욕　　　　　　　　167
숏퍼트　　　　　　　　168
짧다　　　　　　　　169
실전　　　　　　　　170
허물　　　　　　　　171
탈의　　　　　　　　172
무념무상　　　　　　173
멘탈　　　　　　　　174
힘　　　　　　　　175
힘..들..다　　　　　176
부럽다 1　　　　　177
부럽다 2　　　　　178
연습 1　　　　　　179
연습 2　　　　　　180
연습 3　　　　　　181
욕망의 강　　　　　182
고수와 하수 3　　　183
구력 2　　　　　　184
골프가 인생에 가르쳐준 것 2　　185

에필로그　　　'골프 좌우명'이 있나요?　　　186

골프의
기쁨

喜

인생 '첫 라운드'를 앞둔 당신에게

골프를 조금 늦게 시작한 분들에게

알다가도 모를

골퍼의 새해 인사

진입로

첫 홀.1

하늘로

보인다

좋은 동반자

동반자

골프 환자 1

골프 환자 2

골프 환자 3

천재와 천치

벙커 1

트러블샷

홀인원

긴 골프

인생 '첫 라운드'를
앞둔 당신에게

골프를 시작하는 이유는 사람마다 다릅니다. 비즈니스를 위해서, 직장생활을 위해서, 친구나 가족의 권유로, 스스로 재밌을 거 같아서 운동 삼아 시작합니다. 특별한 이유 없이 자연스럽게 시작하기도 하죠. 연습장에 등록합니다. 선생님에게 똑딱이부터 배웁니다. 골프 시작했다고 스스로 소문 내거나 남들이 소문 내면 주변 사람들이 말하기 시작합니다. "첫 라운드는 나랑 나가자." "우리 언제 나갈래?" 이 말만으로도 벌써 긴장되는 골퍼들이 있습니다. 연습의 날들이 길어질수록 실전에 대한 두려움이 생기죠. 반대로 연습 기간이 짧으면 '아직 부족해'라는 생각에, 또 필드라는 말만으로도 겁이 납니다. 그래도 요즘은 스크린 골프가 있어서 골프 룰과 플레이하는 방법, 진행에 대해 미리 인지할 수 있어 다행입니다. 선배 골퍼들은 책으로 룰을 배웠고 그들의 선배 골퍼에게 매너와 에티켓을 배웠으니까요.

인생 '첫 라운드'에 갈 때는 혼자 가지 마세요. 필드 경험이 있는 골퍼와 같이 가세요. 골프 가방을 차에서 내리고, 주차하고, 옷 가방 들고 클럽하우스에서 체크인하고 락커룸에서 옷 갈아입는 일련의 과정도 첫 필드에 나온 당신에게는 당황스럽고 낯설 수 있으니까요. 그리고 다음을 잘 기억하세요. 준비물 중에 가장 중요한 것은 볼입니다. 골린이들에게 겁주려는 건 아닙니다. 생각보다 훨씬 많은 공을 잃어버릴 겁니다. 첫 라운드에서 공을 몇 개 잃어버렸느냐는 것만으로도 첫 라운드 성적을 가늠할 수 있습니다. 한 홀에 몇 개씩도 잃어버립니다. 캐디백 여기저기에 꾹꾹 넣어서 많이 가져오세요. 인생 첫 라운드했던 기억은 무척이나 선명하지만, 또 한편으론 아득합니다. 당황했던 기억은 생생하지만, 골프장 풍경, 나의 샷과 플레이했던 기억은 마치 비현실적인 꿈을 꾼 듯 먼 곳에 있습니다.

'처음'은 처음이라서 아름답고 처음인 것이 가장 큰 의미입니다. 처음부터 완벽히 하려 애쓰지 마세요. 당신이 실수하고 부족한 부분은 동반자 3명과 노련한 캐디님이 도와줄 겁니다. 나쁜 샷을 하고 말이 안 되는 플레이를 해도 그들이 위로해줄 겁니다.

첫 라운드 앞두고 얼마나 설레겠습니까? 또 얼마나 걱정되겠습니까? 세상의 모든 설렘은 약간의 걱정을 동반하기 마련입니다. 걱정하지 마세요. 다 잘될 겁니다.

세상의 모든 고수도 처음엔 초보였습니다. 세상의 모든 역사는 '처음'에서 시작해 '다음'이 됐습니다. 인생 첫 라운드에 대해 두고두고 얘기할 수 있는 당신만의 멋진 추억을 응원합니다.

Good Luck!

몇 살에 골프를 시작하셨나요? 남보다 조금 일찍 시작한 사람이 있고 조금 늦게 시작한 사람들이 있죠. 어떤 이유에서든 남보다 일찍 골프를 시작한 사람은 행복한 골퍼라고 생각합니다. 인생에서 몸과 뇌가 가장 유연할 때 시작한 골프는 그렇지 못한 나이에 시작한 것과 비교하면 분명 차이가 있습니다. 어린 나이에 골프를 시작한 사람은 그렇게 시작하도록 한 사람에게 당연히 감사해야 합니다.

남보다 늦게 골프를 시작한 사람들이 있습니다. 여러 가지 이유로 골프를 안 했고, 또 여러 가지 이유로 골프를 늦게 시작한 사람들입니다. 이렇게 늦게 시작한 사람들은 이미 시작부터 뒤처졌다는 생각 때문인지 좀 급합니다. '빨리 필드에 나가야지' '빨리 100개부터 깨야지' '친구들 다 싱글했다는데 나도 얼른 싱글해야지' 한마디로 의욕이 앞섭니다. 앞서도 많이 앞섭니다. 그런데 현실은 어떤가요? 50대나 60대 나이에 골프를 시작하면 일단 몸이 전성기 때 몸과 많이 다릅니다. 유연성이 떨어지고 근력도 떨어지죠. 그런데 이 현실을 받아들이기 쉽지 않습니다. 골프가 그렇습니다. 늘 의욕이 우리 몸을 앞서는 것이 골프입니다. 저는 나이가 들어서 시작할수록 더 느리게 가야 한다고 생각합니다. '늦게 시작했으니까 서둘러야지'가 아니라 늦게 시작했으니까 더 시간이 필요한 거죠.

우선, 반드시 레슨을 받으십시오. '레슨 안 받고 이미 1, 2년을 쳤는데, 지금 레슨받기에는 늦지 않았나?'라고 생각하는 분들도 있는데요. 배움에 늦은 때는 없습니다. 안 배우면 늦게 되는 것입니다. '머리로는 알겠는데 몸이 안 따라줘…'라고 느끼시죠? 유튜브 골프 영상 열심히 보다 보면 머리로는 다 아는 거 같잖아요. 그런데 볼을 치려면 생각대로 잘 안됩니다. 그래서 레슨이 필요합니다. 그 몸을 잡아줘야 하니까요. 늦게 시작했으니 다른 사람들보다 더 나이 들었을 때까지 쳐야 하잖아요. 그러려면 기초가 단단해야 합니다.

늦게 시작한 분들은 '숏게임' 연습에 더 집중하세요. 나보다 일찍 시작한 친구들은 이미 구력이란 게 있습니다. 그 구력의 차이가 가장 많이 나는 지점이 바로 숏게임입니다. 어프로치와 퍼팅이 늦게 시작한 여러분의 골프 실력을 더 성숙하게 만들 것입니다. 조금 뒤처진 시작을 그나마 빨리 보상해주는 게 바로 숏게임입니다. 특히 시니어들은 더 그렇습니다.

늦게 시작한 분들에게 꼭 하고 싶은 말은 "골프하는 것만큼 골프를 아는 것도 중요하다."입니다. 골프의 모든 것에 대해 궁금해하십시오. 스윙뿐 아니라 골프의 역사, 위대한 골퍼의 스토리, 룰과 매너, 골프 코스 이야기, 골프 장비, 역사에 남은 위대한 경기들…. 골프에 대해 아는 것도 골프입니다. 우리의 골프를 농익게 하는 거죠.

남보다 늦게 골프 시작한 분들을 응원합니다. 그분들이 뒤늦게 얼마나 열심히 하는지 알고, 많이 봤습니다. 세상에 늦은 때는 없습니다. '늦었다는 생각'만 있을 뿐입니다.

알다가도 모를

어제는 쉬웠는데

오늘은 어렵다.

어제는 알았는데

오늘은 모르겠다.

어제는 즐겼는데

오늘은 괴롭다.

어제는 자신감

오늘은 자괴감

어제는 골프였는데

오늘은 나쁜 골프다.

골퍼의 새해 인사

새해는

새(birdie)의 해가

되길….

새해

버디 많이

잡으세요!

진입로

내가 가장 좋아하는 길
골프장 진입로

골프장 진입로가
늘 길어 보이는 것은

내 마음이 차보다 빨리
골프장에 진입하고 싶기 때문

진입로는
사계절의 인사를 한다.

벗꽃은 흩날리며
내게로 오고

푸른 나무는
코스의 푸른 잔디를
미리 소개해주는 듯하며

변색으로
계절의 변화를 암시한다.

설국으로 가는 길인 양
눈이 내려앉아 있어도

나는 그 길을 오른다.

세상 한가득
기대와 설렘을
데리고 올라가서

후회와 아쉬움 신고
왔던 길 내려온다.

들어갈 때와
나올 때 마음이
버디와 양파만큼 다른

골프장 진입로.

첫 홀 1

첫 홀 만큼
설레고
걱정되는
홀이 있을까?

설렘은
늘
약간의 걱정을
동반한다.

하늘로

하늘은
파랗게
페어웨이보다 넓게 펼쳐져 있었다.

골퍼는
하늘과 잔디의 경계에 서 있다.

한번쯤은
얼마나 높이 볼을 올릴 수 있는지
시험해보고 싶을 만큼
하늘은 높았다.

내 볼은
더 하늘에 머물러 있고 싶었고
적어도
땅으로 굴러서
출발하고 싶지는 않았다.

내가 하늘을 올려다보듯
하늘은
나를 내려다보겠지

나는
하늘로
볼을 날리고 싶었다.

하늘을 지나가는 것이 아닌

하늘 끝에
볼을
날리고 싶었다.

보인다

자연도

풍경도

동반자 샷도

내가 잘 쳐야

비로소

보인다.

좋은 동반자

좋은 동반자는

코스에서만

좋지 않다.

가는 길, 오는 길에도

동반하면

좋다.

골프는 말로 해도 좋다.

동반자

테니스는
경쟁자가
맞은편에 있다.
탁구도 그렇다.

축구는
지켜야 할 골대가 있고
넣어야 할 골대가 있다.

서로를
상대편이라고 부른다.

골프는
나란히 걷는다
한 골대를 같이 쓴다.

경쟁자를 동반자라고
부르는 건

골프밖에 없다.

골프
환자 1

첫 벚꽃을
골프장에서
보고

첫눈을
골프장에서
맞는다.

골프
환자 2

TV만 켜면
골프 채널을 켠다.

본 건데
또 본다.

안 보면서도
켜놓는다.

골프
환자 3

성묘하러 가서
불경스러운
생각을 한다.

여기,
어프로치하기 좋겠는걸?

천재와 천치

처음엔
골프 천재

갈수록
골프 천치

천재였다가
천치였다가

무한 반복
무한 바보

벙커 1

누구는
벙커를 피하고

누구는
벙커를 넘긴다.

위기를
정면으로 넘길 때

기회는
가까이 붙는다.

트러블샷

벙커에
많이 빠져본 사람이

언덕에
자주 올라본 사람이

트러블샷을
잘한다.

트러블은
실패 경험이 아니라
극복의 경험이다.

홀인원

누구는
여섯 번 만에
홀인 한다.

아니
여섯 번에도
홀에 볼을 넣지 못하고
홀아웃 한다.

누구는
다섯 번 만에
네 번 만에
세 번 만에
두 번 만에
하는데

그걸
한 번에 하다니!

하기 힘들수록
하면 짜릿하다.

긴 골프

내 인생
최고의 샷은
아직 나오지
않았다.

물론

내 인생
최악의 샷도
아직 나오지
않았다.

골프는 길다.

인생만큼 길다.

우리를 화나게
하는 골프

怒

골·프·현·타 받아들여야 덜 아프다

골프라는 병

화병

라이벌

골프를 해보면

14개 클럽

티(Tee)

신 모델

멀리건

뒤땅

벙커 2

모르겠다

방심

골·프·현·타
받아들여야 덜 아프다

골프 잘하는 방법은 의외로 간단합니다. 연습 많이 하고 실전 많이 뛰면 됩니다. 물론 정말 자주 필드에 나가고, 연습도 죽어라 하는데 안 되는 사람도 있죠. 하지만 확률적으로는 적습니다. 연습과 실전을 많이 하려면 우리에게 꼭 필요한 게 있습니다. 바로 돈과 시간입니다. 특히 연습하는 데는 시간이 꼭 필요합니다. 출퇴근 시간이 긴 직장인이나 워킹맘은 더 시간이 없죠. 라운드 가기 전에 겨우 스윙 점검 차원에서 연습장에 가는 게 전부고, 라운드도 어쩌다 주말에 한 번 나가는 정도입니다. 말 그대로 레저 골퍼들에게는 분명 오를 수 없는 한계점이 있습니다.

가끔 '골프 시작한 지 1년 반 만에 싱글했다' '안정적으로 80대 중반 친다'라고 자랑하는 친구가 있습니다. 그런 친구가 있으면 '나는 지금 뭐하고 있지? 구력이 벌써 10년인데…'라는 생각이 들죠. 그런데요. 잘 생각해보십시오. 2년 미만에 70대 타수를 친 사람은 정말로 하루에 몇 시간씩 연습하는 사람이고, 일주일에 적어도 두 번은 필드에 나가는 사람입니다. 한 달에 몇 시간 연습하고 한 달에 한두 번 필드에 나가는 골퍼는 좋은 스코어를 낼 수 없습니다. 유튜브 영상을 끼고 보면서 스윙 연구를 많이 하면, 골프를 열심히 한다고 생각할 수 있습니다. 그런데 골프 스코어는 휘둘러야 줄어듭니다.

물론 골프 천재가 있을 수 있습니다. 남보다 빨리 골프 실력이 느는 사람이 있지만, 골프에 전념하지 않고 연습 없이 잘하는 사람은 없습니다. 한 달에 한두 번 필드에 가면서 90대를 친다면 정말 잘하는 겁니다. 백돌이라도 스코어를 규정대로, 제대로 적은 100개라면 저는 주말 골퍼로서 좋은 플레이를 하는 거라고 생각합니다. 연습할 시간도, 필드에 나갈 여건도 충분하지 않은데 스코어 줄이고 싶은 마음, 이해는 하지만 그게 쉽지 않습니다. 지금의 내 골프를 받아들이세요. 내가 하는 노력과 투입되는 수고의 양을 생각해서 '이 정도면 됐지'라고 생각해보세요. 욕심은 단순히 잘하고 싶은 마음이 아닙니다. 충분히 노력하지 않으면서, 시간 들이지 않으면서 잘하고 싶은 마음입니다.

형편에 맞게, 상황에 맞게 지금의 내 스코어를 받아들입시다. 자책하거나 자학하지 마시고요. "보기플레이 정도입니다."라는 말이 스스로 낮추는 말처럼 사용되고 있지만, '진짜 보기플레이어'는 매우 훌륭한 골퍼입니다. '나, 이 정도면 괜찮은 거야', '이 정도면 충분히 잘하고 있는 거야'라고 생각해도 됩니다.

골프라는 병

생크가 났을 땐
골프라는
치통

물에 빠졌을 땐
골프라는
두통

해도 해도 스코어가 제자리일 땐
골프라는
위장병

연습하고 연습하다
골프라는
골병

벙커에서 세 번 퍼덕
골프라는
화병

잘못해도 또 하고 싶어 끊지 못하는
골프라는
상사병

불.치.병.

화병

골프가 안 되면
화가 나지만

화를 낼수록
골프는 더 안 된다.

골프에서
가장 큰 부상은
엘보가 아니다.

화병이다.

라이벌

그놈만큼은
이기고 싶다.

지고 싶지 않다.

거리도
스코어도
내기도
패션도

구찌도….

골프를
해보면

골프를
해보면
그 사람이
어떤 사람인지 안다.

그런데

골프를
할수록
내가
어떤 사람인지 모르겠다.

14개 클럽

나의 골프백에는
14개의
무기가 있다.

그런데

그중 어떤 무기는
나를
공격한다.

티(Tee)

사람들은
볼을 안 치고

왜 나를 칠까?

나는

부러졌다.
버려졌다.

신모델

새로운
드라이버가
나올 때마다

비거리
늘려준다고 한다.

더 멀리
더 멀리

그 말대로라면

난

지금

300미터 쳐야 해!

멀리건

멀리건

많이 쓰면

동반자가

멀리

떠나간다.

뒤땅

볼을 쳐야 하는데

땅을 친다.

골프는 그럴 수 있다.

인생은 그러지 않길….

피하려면
들어가고

들어가도 된다고 생각하면
피해질 때가
있다.

위험을 두려워하면
위험에 빠지고

위험과 맞서면
위험이
피해 간다.

모르겠다

골프를
오래 하다 보니
알 것 같다.

그런데
알면 알수록
모르겠다.

방심

가까운
숏퍼트를 뺀다.

빼고 나서
한 번 더 뺀다.

조심하면
아무 일도
안 일어나지만

방심하면
모든 일이
일어난다.

골프가 그대를
슬프게 할지라도

哀

골프가 그대를 슬프게 할지라도

골프 후회

괜찮아

일희일비

골프만큼

그만

구력 1

아는데

어색

1번 홀, 10번 홀

외면

요요

골프 성적

고수와 하수 1

고수와 하수 2

멀리건

오늘은, 오늘도

인생 같은 벙커

그린

이상한 산수

로스트볼

나쁜 볼

나의 스윙

로브샷

피니시

비거리

뒤땅 2

헤드업

백스윙

몸과 맘

파5

골프 환자 4

골프가 그대를
슬프게 할지라도

골프는 시작하기도 어렵지만, 끊기는 더 어렵습니다. 물론 그 어떤 취미보다 빠지기 쉽고 헤어 나오기 어려운 이유는 재밌기 때문이죠. "지구에서 하는 공놀이 중 골프만큼 재밌는 운동은 없다."고 얘기하는 사람도 있으니까요. 그런데 역설적으로 골프를 끊기 어려운 이유는 재밌는데 잘 안되기 때문입니다.

요즘 골프 잘 되고 있나요? 분명 즐기기 위해 시작했는데, '내가 지금 왜 이 골프 때문에 이렇게 스트레스를 받지?'라고 생각하지는 않나요? 골프가 잘될 때는 '그래, 시작하길 잘했어. 아니 왜 진작 시작하지 않았을까?' 하다가도 골프가 안 되면 '내가 왜 이런 걸 시작해서 사서 고생하지?'라는 생각이 들 겁니다. 골프가 나를 아프게 하고 나를 슬프게 하는 시간입니다. 물론 아름다운 것에는 추한 면이 마주 보고 있고, 기쁜 순간에도 슬픔의 그림자가 근처에 서성거리는 게 세상 이치입니다. 골프는 이상하리만큼 나를 기쁘게 했다가 그 기쁨에 취해 느슨해지면 바로 나를 슬프게 합니다. 어제까지 잘 맞던 드라이버가 갑자기 집을 나갑니다. '연습하면 돌아오겠지…' 했지만, 시간이 흘러도 돌아오지 않습니다.

조금씩 안 되기 시작한 퍼팅은 이제 퍼팅 어드레스만 서면 어떻게 백스윙했는지 망각할 정도인 '입스(Yips)'라는 병이 찾아옵니다. 볼을 더 때리면 스코어가 줄어들 줄 알았는데, 내 스코어는 라이벌에게 추월당한 지 오랩니다. 잘하고 싶은 마음이 없다면 골프 때문에 슬플 일도 없겠죠. 좋아하는 마음이 없다면 골프 때문에 괴롭지 않겠죠. 당신이 골프로 인해 슬프고 괴로운 것은 골프를 사랑하기 때문입니다.

골프가 힘들 때는 골프를 넓게 보세요. 당신이 힘든 이유가 어쩌면 '스코어'라는 숫자 때문일지도 모르니까요. 스코어에만 매달리면 슬플 수 있지만, 골프의 기쁨은 숫자 밖에도 분명 존재합니다. '골프라는 소풍', '골프라는 패션', '골프라는 여행', '골프라는 관계' 이렇게 골프를 넓게 보면 골프가 그 슬픔을 치유해줄 것입니다.

'내일 잘 쳐야지'라고 생각하면 라운드 전날 설렘은 부담으로 바뀝니다. '저 인간 꼭 이겨야지'라고 생각하면 그의 실수만 바라게 될지도 모릅니다. 물론 잘하지 못하면서 무언가를 즐기는 게 쉬운 일은 아닙니다. 하지만 즐기다 보면 잘하게 되는 예를 우리는 많이 봅니다. 즐기다 보면 당신의 골프 실력도 당신에게 돌아올 것입니다.

골프가 당신을 슬프게 할지라도 '이놈의 골프, 당장 그만둬야지!'라는 말은 이제 그만하세요. 그 말조차 습관이 되어 당신의 골프를 부정적으로 만드니까요. 골프, 넓게 보세요. 그래야 길게 즐길 수 있습니다.

골프 후회

아이언 칠 걸
괜히 우드 쳐서

우드 칠 걸
괜히 드라이버 쳐서

똑바로 칠 걸
괜히 경사 봐서

안 된다고 할 걸
괜히 저놈이랑 와서

편한 옷 입고 올 걸
괜히 멋부리고 와서

쓰던 채 가져올 걸
괜히 새 채 가져와서

어젯밤 1차로 끝낼 걸
괜히 3차까지 따라가서

한 클럽 길게 잡을 걸
괜히 짧은 거 잡아서

탈출만 할 걸
괜히 붙이려고 해서

물만 마실 걸
괜히 막걸리 마셔서

캐디님 말 들을 걸
괜히 의심해서

컨시드만 받을 걸
괜히 세게 쳐서

괜히,
괜히

골프 시작해서….

괜찮아

괜찮아

이 정도면 괜찮아

내 미스샷

가장 먼저

위로해주던 사람

이제

곁에 없다.

한 사람 남았다.

나.

골프하기 전까지

나는 아닌 줄
알았다.

침착하고 평온한 사람인 줄
알았다.

일희일비는
늘 나와 거리를 두고
있었다.

필드에서 나는

굿샷에
세상을 다 소유한 듯
웃다가

미스샷에
세상을 다 잃은 듯
울었다.

나의 평정심은

샷과 함께
숲속에 숨었다.
물속에 빠졌다.

볼만 잃어버리는 게 아니라
나조차 잃어버린다.

일구일희
일구일비.

골프만큼

골프만큼

공부를 열심히 했다면

골프만큼

미친 듯이 집중했다면

좌절했겠지,

해도 해도 안 되니까.

그만

가끔

골프를

그만두고 싶을 때가

있다.

그만두고

싶다는 생각

그만하고 싶다.

구력 1

골프가

잘될 때는

짧은 구력도

자랑스럽다.

골프가 정말

안 될 때는

구력을

좀

줄여 말하고 싶다.

아는데

아는데 안 돼

머리는 알겠는데
몸이 안 된다고

아는데
안 되는 건,
못 하는 건

아는 게
아닐 수도….

어색

나란히

걷는 게

어색한

동반자가 있다.

게다가

둘 다 미스샷….

둘 다 산으로….

1번 홀, 10번 홀

1번 홀은
첫 홀이라
안 되고

10번 홀은
후반 첫 홀이라
안 된다.

18홀 중
두 홀은
까먹고 시작한다.

외면

나는
골프를
뚫어져라
정면으로 바라보는데

골프는
나를
외면하네….

♀♀

골프 스코어는
몸무게만큼
잘 안 준다.

어쩌다
줄였는데

몸무게처럼
요요가 온다.

골프 성격

골프가
괴로운 것은

그 자리에서
바로

점수를 받기 때문이다.

더블은 미
트리플은 양
양파는 가

고수와 하수 1

고수는
퍼팅할 때
오래 걸린다.

하수는
드라이버 칠 때
오래 걸린다.

하수 중 하수는

둘 다 오래 걸린다.

고수와 하수 2

고수는
트러블샷을
잘한다.

하수는
또 다른
트러블을
만든다.

멀리권

멀리건을
많이 주면
멀리권인 줄 안다.

배려가
사람을
배려놓는다.

오늘은,

오
늘
도

오늘은
잘 되겠지….

오늘도
속으러 간다.

인생 같은
벙커

아무리
작아도
빠지려면 빠지고

아무리
커도
안 빠지려면 안 빠지는

벙커 같은 인생
인생 같은 벙커.

그린

좌그린일 땐
우그린으로 가고

우그린일 땐
좌그린으로 간다.

그린이 하나일 땐
그린 밖으로 간다.

그린은 넓지만
그린 밖은 더 넓다.

이
상
한

산
수

300미터
파4에서

드라이버
200미터 쳤는데

왜
140미터가 남지?

볼만 안 맞는 게 아니라
더하기 빼기도 안 맞는다.

로스트볼

물속에
숲속에
땅속에

내 볼이 있다.

나는 얼마나 많은
볼을
잃어버렸을까?

얼마나 많은
스코어도
함께 잃어버렸을까?

내 마음속엔

로스트하고 싶은

기억이 있다.

나쁜 볼

본 대로
안 가서
반대로
봤더니
본 대로
가버린
나쁜 볼.

나의 스윙

나의 몸 안에는
수백 개
스윙이 있다.

오늘의 스윙은
어제와 달랐고
지금의 스윙은
조금 전과 달랐다.

머릿속에는
그보다
더 많다.

나의 스윙은
몇 개인가?

로
브
샷

사람들
기분은
잘 띄워주는데

내 볼은

왜 이렇게
못 띄울까?

피니시

피니시를

오래 잡고 싶었는데

볼이

너무 빨리 떨어졌다

….

비
거
리

나보다
나이 많은 사람보다

나보다
작은 사람보다

나보다

늦게 시작한 사람보다

덜 나가면

멘탈은

더 나간다.

뒤땅 2

볼을 쳐야 하는데
땅을 쳤다.

볼도
가만히 있었고
땅도
가만히 있었다.

가만히 있었는데
왜
나를 못 치니

가만히 있었는데
왜
나를 때리니.

헤드업

우리는

쳐야 할 것보다

가야 할 곳을

먼저, 본다.

인생도….

백스윙

이십 몇 년 동안

백스윙을

고치고 있다.

다운스윙도
고쳐야 하는데

피니시도
잡아야 하는데….

몸과 맘

힘을 줬더니
힘을 빼라 하고

힘을 뺐더니
힘 좀 쓰라고 한다.

내 몸은
내 맘처럼
빨리 바뀌지 않는데….

파5

카트 타고
가고 싶은데

볼이
카트 반대쪽으로만
간다.

결국
파5 오르막을
내내
걸었다.

골프
환자 4

이렇게 해봐

저렇게 해봐

환자끼리

서로

처방하고 있다.

골프로 즐겁지
아니한가

樂

골퍼가 멋있어 보일 때

이런 동반자를 잃지 마세요

골프장에 와서야

보자

사람이 코스다

동반자를 좋아해야

골프하기 좋은 계절

라운드 전날 밤

나도 모르게

야간비행

그냥 즐겨

골프가방

골프 망언 1

골프 망언 2

소근소근

골프 환자 5

공놀이

골퍼가
멋있어 보일 때

필드 밖에서나 필드 안에서 늘 이런 생각을 합니다. '멋진 골퍼가 되자' '적어도 후진 골퍼는 되지 말자' 그렇다면 '어떤 골퍼가 멋진 골퍼일까?' 하고 스스로 물어보면 답은 의외로 간단합니다. 나와 같이 라운드했던 동반자가 멋져 보일 때, 그 순간이 다시 오면 내가 그 골퍼처럼 행동하면 됩니다. 잘 생기고 훤칠하고 골프 옷을 잘 입고 멋진 캐디백에 좋은 클럽 갖고 있으면 첫인상이 멋집니다. 프로 같다, 모델 같다고 할 수 있죠. 하지만 라운드할수록 그 멋짐이 계속될 수 있는지는 그 사람이 어떻게 하느냐에 달려 있습니다.

저는 그린 보수기와 볼 닦는 수건을 가지고 다니는 사람을 보면 속으로 '저 사람 멋진데'라고 생각합니다. 본인의 라인에 걸리지 않더라도 그린을 보수하는 골퍼, 캐디가 오기 전에 스스로 볼을 집어서 수건으로 닦는 골퍼를 보면 참 멋있다고 생각합니다. 양

잔디 특히 벤트 그라스에서 떨어져 나간 잔디를 원래 있던 곳에 올려놓는 골퍼도 잔디를 생각하는, 코스를 아끼는 마음이 느껴져 멋져 보입니다. 그린 위에서 캐디에게 "경사는 제가 볼게요." 라고 말하는 골퍼가 있습니다. 캐디에게 간단한 조언만 구하고 스스로 경사를 읽고 퍼트하는 골퍼, 제 눈엔 정말 멋져 보입니다. 구력이 그리 오래되지 않은 골퍼가 그러면 더 멋져 보입니다. 제가 아는 한 골퍼가 그러더군요. "그린 경사를 스스로 읽고 내가 본 대로 공이 들어가는 게 얼마나 재밌는데, 왜 다른 사람에게 맡기냐?"고요. 멋짐이 폭발하는 순간이었습니다. 벙커샷을 하고 앞 팀 누군가가 남긴 발자국까지 깔끔하게 정리하고 나오는 골퍼를 보면 '아, 이 사람 사회에서도 뒤처리는 참 깔끔하겠구나' 라는 생각이 듭니다. 그 골퍼는 멋지고 그 순간을 지켜보는 사람은 참 흐뭇합니다.

저는 '드롭'을 룰대로 하는 골퍼도 멋져 보입니다. 페널티 구역에 빠졌을 때, 규정을 잘 지켜서 드롭하는 골퍼가 있고 그렇지 않은 골퍼가 있죠. 카트 길에 볼이 놓여 있을 때도 규정대로 드롭하고, 투그린 코스에서 다른 쪽 그린에 갔을 때도 규정대로 드롭하는 골퍼를 보면 참 멋있습니다. 스코어를 제대로 적는 골퍼도 멋집니다. 캐디가 한 타 줄여 적으려고 할 때 정확한 스코어를 얘기하는 골퍼죠. 친 대로 정확하게 적는 것은 당연한 일이지만 이 당연한 일이 당연하지 않을 때도 있잖아요. 볼이 언덕 같은 좋지 않은 자리에 놓였거나 바람이 불어서 거리가 애매할 때 골프채를 두 개 이상 가져가는 골퍼도 멋집니다. 결국 캐디의 시간과 동반자의 시간을 배려하는 것이니까요. 캐디에게 하는 말투가 부드럽고 존중하는 태도를 보이는 골퍼도 멋집니다. 캐디에게 하는 말과 행동을 보면 이 사람이 평소 다른 사람을 어떻게 대할지 보입니다.

혹시 필드에 나가서 멋진 골퍼를 만났다면, 그 사람을 따라 하십시오. 흉내 내십시오. '큰 나무 사이를 걷다 보니 내 키가 커졌지'라는 시의 한 구절을 기억하세요.

이런 동반자를
잃지 마세요

골프를 통해 여러 사람과 인연을 맺습니다. 그중 어떤 사람은 지금도 나와 나란히 잔디를 밟고 있지만, 또 어떤 사람은 희미한 기억 저편으로 사라졌습니다. 우리는 '진상 골퍼'라는 이름으로 같이 골프하기 싫은 사람에 대해 이야기하지만, 가끔 정말 좋은 동반자의 소중함을 망각하죠. 그 사람이 떠나고 나면, 혹은 최악의 동반자를 만나고 나면 그 사람이 얼마나 좋은 동반자였는지 뒤늦게 깨닫습니다. 떠나고 나면 늦습니다. 곁에 있을 때 계속 곁에 있도록 노력하세요.

어떤 일이 있어도 떠나보내면 안 되는 동반자, 그 첫 번째는 늘 먼저 와 있는 동반자입니다. 골프장에 늘 먼저 도착하는 사람. 체크인 할 때 가장 먼저 이름이 적혀있는 사람입니다. 카풀 할 때나 골프장 앞 식당에서 만날 때도 늘 먼저 와 있는 사람, 참 좋은 동반자입니다. 남보다 먼저 오면 그만큼 시간을 손해 본다고 생각하는 사람이 있고, 먼저 오는 시간만큼 남는다고 생각하는 사람이 있습니다.

두 번째는 굿샷을 목청껏 외쳐주는 사람입니다. 리액션, 칭찬이죠. "굿샷!"을 본인의 굿샷처럼 힘껏 외쳐줍니다. 틈만 나면 손을 올려 하이파이브를 합니다. 지난 굿샷을 다시 꺼내어 칭찬해줍니다. 다음 홀로 가는 카트 안에서도 칭찬은 이어집니다. 샷에 대한 칭찬은 골퍼들이 잔디 위에서 느끼는 최고의 기쁨입니다. 칭찬은 관심입니다. 골프에서 칭찬은 소통입니다.

세 번째는 나보다 내 공을 더 열심히 찾는 사람입니다. 자기 공 찾듯 러프와 언덕을 오가면서 공을 끝까지 찾아주는 동반자가 있습니다. 자칫 못 찾고 지나갈 수 있는 곳에 있는 내 공도 찾아주는, 그래서 내 벌타를 줄여주는 천사 같은 동반자입니다. 잃으면 안 되는 동반자입니다.

네 번째는 딴 돈보다 밥값을 더 쓰는 동반자입니다. 가벼운 내기 해서 돈을 딴 사람이, 실제로는 별로 따지도 않은 것 같은데 그보다 훨씬 비싼 음식을 사는 걸 보면 그 사람의 돈 씀씀이에서 마음

씁쓸이가 보입니다.

다섯 번째는 골프 약속을 깨지 않는 사람입니다. 부상 중에도, 바쁜 와중에도 어떻게든 약속을 지키는 사람이죠. 손가락에 깁스하고 나온 동반자가 있었습니다. "이 정도면 못 친다고 얘길 하지!"라고 했더니 무심하게 "부러진 것도 아닌데 뭘⋯."이라고 하더군요. 이 사람 참 좋은 동반자라고 생각했습니다.

여섯 번째는 '부킹에 앞장서는 사람'입니다. 골프 부킹은 쉬운 일이 아닙니다. 모든 동반자를 다 만족하게 할 수 없는 일임에도 기꺼이 부킹에 나서는 동반자, 뒤에서 욕먹을 각오까지 한 착한 동반자입니다.

일곱 번째는 내 사진을 많이 찍어주는 동반자입니다. 언제 찍혔는지도 모르는 많은 사진과 동영상을 라운드 끝나고 보내주는 동반자, 그로 인해 라운드 할 때 몰랐던 특별한 이야기가 찍힙니다.

여덟 번째는 운전을 기꺼이 하는 사람입니다. 대한민국은 골프장까지 가는 거리가 대체로 멉니다. 새벽 운전을 해야 하고, 라운드

후엔 졸음과 싸우는 운전을 해야 합니다. 이런 동반자, 절대 잃으면 안 되는 소중한 사람입니다.

이런 동반자들을 잃고 나면 골프가 나를 떠납니다. 골프는 나의 골프지만, 나만의 골프가 아닙니다. 동반자와 함께하는 골프입니다.

골프장에 와서야

하늘을 본다.
나무를 본다.
꽃을 본다.
단풍을 본다.
계절을 본다.

그리고

그 사람이
얼마나 좋은 사람인지를
본다.

보자

가끔
고개 들어

산을 보자
꽃을 보자
나무를 보자

얼굴 돌려

동반자를 보자

18홀 내내
볼만 보고 오는 것은
골프가 아니다.

사람이 코스다

아무리 좋은 코스도

좋은 동반자를

이기지 못한다.

사람이 코스를 만든다.

결국

사람이 코스다.

동반자를 좋아해야

오래된 동반자는
오래돼서
좋고

새로운 동반자는
새로워서
좋다.

동반자를 좋아해야
골프가
더 좋아진다.

골프하기 좋은 계절

봄
여름
가을
겨울
중에

골프하기
가장 좋은 계절은

나의 골프가
가장 잘 맞을 때다.

라운드 전날 밤

분명
누웠는데 서 있는 것 같고
눈 꾹 감았는데
크게 뜬 것처럼
많은 것이 보이며 지나간다.

술 한 잔 마시고
또 한 잔 마셔봐도

잠은 점점
시간을 훔쳐 등에 메고
도망간다.

시작은 설렘이었다.
잠시 걱정의 터널을 지나니
그 끝에 기대가 서 있었다.
기대가 끝나니
다시 설렘으로
무한 반복되는
라운드 전날 밤의 불면 알고리즘

지금
잠든다면
몇 시간 더 잘 수 있을까?

계산하다 보니
시간은 줄어들고
줄어들다 보니
결국 실종된다.

아무것도 하지 않았는데
밤은 잠을 외면하고
하얀 피곤을 남겨줬다.

일부러
전날 아무 약속 안 했는데

라운드는
이미
그때부터 시작되었다.
나는
그때부터
잔디에 서 있었다.

나도 모르게

나도 모르게
찍힌
사진이 좋다.

나도 모르게
찍어주는
동반자가 좋다.

야간비행

검은 천 위를
날아가는
하얀 점 같았다.

컬러볼은
어두운 대지 위를
유영하는
야광 반딧불이 같았다.

LED 조명을
밝게 밝혀놓은
코스 안에
잠시 멈춘 듯한 시간 안에
공놀이하는
인간들이 있다.

술 안 마셨으나
술 마신 것 같고
약에 취한 듯

휘청이며 걷고 있다.

어둠의 빛
빛의 어둠

누군가의 볼은
어둠 속으로 소멸하고

누군가의 볼은
빛을 따라
빛 아래에서
스포트라이트를 받는다.

밤에도
밖에서

골프 할 수 있다고
생각한
그 선각자의 밝은 고집에
경의를 표한다.

우리는
그렇게

1박2일 골프를
즐기고 있다.

그냥 즐겨

못하면서

즐기는 것은

못하는 것보다

어렵다.

골프 가방

이 가방 안에는
또 한 명의 내가 들어있다.

겁 많고
소심하지만
가끔
허세도 부리는
나의 이름은 골퍼

책가방부터
수많은 가방을 싸고 들었지만
간절함과 기대마저
내용물인 적은 없었다.

집 나올 때 들었던 가방과
골프장 나설 때 들었던 가방이
같은 무게였던 때가 없다.

큰 희망과 사소한 희망이
막연한 기대와 구체적인 숫자로
잘 정리정돈됐던 가방은
늘 후회와 아쉬움이 뒤엉킨 채로
지퍼를 닫아야 했다.

상처 난 공이 구석에서 뒹굴고
부러진 티가 신발 사이에
끼어있어도

나는 너를 또 싸고 들 것이다.
나는 너를 들었을 때 가장 나다.
나는 골퍼니까….

골프 망언 1

맞긴

잘 맞았다고?

오비났는데?

골프 망언 2

거리는

맞았다고?

응,

남의 집이야!

소근소근

샷할 때

소근대지 마

차라리

크게 말해

궁금하잖아.

골프 환자 5

오늘이
마지막이야

12월에도
마지막

1월에도
2월에도

그러다

봄이 온다.

시즌을 끝내지도 않았는데
시즌을 시작한다.

공놀이

골프는
그냥
공놀이인데

우리는

그 안에서
인간을 보고
인생을 찾는다.

어쩌면
인생도

그냥

공놀이인지
모르겠다.

골프라는
지독한 사랑

골프라는 '지독한 사랑'

홀

첫 홀 2

골프는 연애와 같다 1

골프는 연애와 같다 2

잘하고 싶다

어프로치

골프가 인생에 가르쳐준 것 1

밀당

골프는 연애와 같다 3

골프는 연애와 같다 4

볼

골프는 연애와 같다 5

골프는 'keep'

골프라는
'지독한 사랑'

골퍼들은 골프를 '지극히' 사랑합니다. 골프와 골퍼의 관계를 살펴보면 이 사랑은 '지독한 사랑'에 가깝습니다. 분명 사랑하는 사이인데 일방적일 때가 많습니다. 골퍼는 골프를 뚫어져라 정면으로 보고 구애하지만, 골프는 우리를 외면할 때가 많습니다. 끝없이 밀당하지만, 늘 좌절하는 쪽은 골퍼입니다. 골프는 '할듯 말듯' 한 행위입니다. '될 듯 말 듯' '줄 듯 말 듯' 한 스포츠죠. 언젠가는 내 일방적인 사랑을 골프가 받아줄 것 같아 오늘도 연습장에 가고, 필드로 향합니다. 제 경험에 따르면, 좋을 땐 서로 한없이 좋지만, 행복한 시간은 그리 길지 않습니다. 어제까지는 좋았는데 오늘 고개를 획 돌리고, 등 돌리며 떠나가는 것이 골프입니다.

골퍼는 지극히 골프를 사랑하지만, 그 사랑 때문에 늘 괴롭습니다. 마치 '사랑하지 말 걸 그랬어' 같은 노래 가사가 골프채 휘두를 때마다 내 몸을 따라 함께 맴도는 느낌입니다. 이 사랑은 얽히고설킨 러프처럼 빠져나오기 쉽지 않습니다. 빠져나왔다고 생각했는데 또 다른 러프에 빠지는 느낌과 같습니다. 헤어지기도 쉽지 않습니다. 헤어졌다 다시 만나기를 반복하는 아주 오랜 연인처럼, 골프채 놓고 이젠 헤어졌다고 생각하는 순간, 우리 손에는 어느새 골프채가 쥐어져 있습니다.

골프는 우리를 힘들게 하는 사랑임에도 그 사랑에는 '돈'이 듭니다. 사실 많이 듭니다. 시간도 들고 노력도 들고 여러 가지가 듭니다. 우리는 가끔 '내가 왜 이 돈 들여가며 스트레스를 받지?'라고 생각하지만, 이런 생각이 드는 순간 골프는 우리에게 희망의 여지를 남겨 줍니다. 마치 18번 홀의 '또 오세요' 샷처럼 말이죠.

가끔 이런 생각을 해봅니다. '골프와의 사랑에서 골퍼는 항상 약자여야만 하나?' 네, 저는 대체로 그럴 수밖에 없다고 생각합니다. 골프는 같은 자리에서 의연하게 변치 않고 서 있지만, 우리는 골프 앞에서 끝없이 변하고 한없이 작아지니까요. 물론 골프라는 '지독한 사랑'도 변할 수 있습니다. 만나자마자 스파크가 터지며 강렬한 이끌림의 '찬란한 사랑'을 했었다면, 이 사랑이 매우

'평온한 사랑'으로 바뀌기도 하고 '아낌없는 사랑'이 '아껴주는 사랑'으로 변하기도 합니다.

사랑에 손익을 매긴다면 늘 골퍼가 손해보는 느낌이지만, 그 사랑이 어떤 사랑이든, 중요한 것은 우리가 지금 골프를 사랑하고 있다는 사실입니다.

홀

우리는
같은 곳을
다른 길로 간다.

직선으로 가는
사람이 있고
돌아가고, 넘어가고,
때론 길을 잃었다가 가는
사람도 있다.

중간에 벌서고
가기도 한다.

그곳에
몇 번 만에 도착했는지
숫자를 센다.

숫자 사이로
박수가 들리고
한숨이 흐른다.

첫 홀 2

그 앞에서

설레지 않으면,

긴장하지 않으면

사랑하는 것이

아니다.

그래서

첫 홀이 좋다.

골프는
연애와 같다 1

보고 있어도
보고 싶고

하고 있어도
하고 싶다.

골프는
연애와 같다 2

골프가
내게
냉정하게 굴수록

나는,
나는
매달린다.

잘하고 싶다

좋아하니까
잘하고 싶지만
못한다고
싫어하면
잘할 기회를
놓친다.

굴릴까?
띄울까?
세울까?

사람 마음에

내 마음
붙이는 방법도

여러 가지다.

가까이

붙였다고

다

들어가는 것은

아니다.

밀당

밀당을
안 하면

사람은
방심한다.

골프는
시들해진다.

때론
사랑에도
골프에도
밀당이 필요하다.

골프는 연애와 같다 3

그만 봐야지
해놓고

그놈 앞에
그볼 앞에

또

서 있다.

골프는
연애와 같다 4

가볍게 좋아하면
곧
흥미를 잃게 되고

깊이 사랑하면
또
상처를 입게 된다.

볼

너를 빠뜨렸어도

너를 잃어버렸어도

너를

잊을 수가 없다.

꽃이 져도

그 꽃 잊을 수 없듯….

골프는
연애와 같다 5

그만둔다고,

헤어진다고,

들였던

돈과 노력을

돌려받을 순 없다.

골프는
'Keep'

골프 잘하려면
keep을 잘해야 한다.

페어웨이를
잘 keep해야 하고
스코어를 잘 keep해야 한다.

볼도 잘 keep해야 하고
지갑을 잘 keep해야 한다.

룰을 잘 keep해야 하고
약속도 잘 keep해야 한다.

동반자도 잘 keep해야 한다.

그래야

사랑하는 골프를 오랫동안
keep할 수 있다.

Keep going!
Keep golfing!

골프 때려치우고
싶을 때

惡

멘탈 잡기, '기'를 하자

18홀 인생

잃고 싶지 않다

골프라는 인생

벙커 3

아름다운 홀

카트 길

세게, 살살

차라리

깨닫다, 까먹다

물

대가리 맞았어

무서운 사람

지금의 라이

멘탈 잡기,
'기'를 하자

골프에서 '신체'가 물과 같다면 '멘탈'은 공기와 같습니다. 잭 니클라우스는 "골프에서 멘탈이 50퍼센트다. 40퍼센트가 스윙이고, 10퍼센트가 어드레스다."라고 말했습니다. "골프는 스포츠만이 아니라 수양이다. 그래서 수(修)포츠다."라고 저는 얘기합니다. 그만큼 멘탈이 중요합니다.

라운드 도중 멘탈이 나가는 사례는 많습니다. 첫 티샷 실수했을 때, 짧은 퍼팅 놓쳤을 때 멘탈이 나갑니다. 벙커에서 탈출하지 못했을 때, 그린 주변 어프로치샷이 온탕과 냉탕을 오갈 때도 멘탈이 흔들립니다. 실수를 만회하기 위한 회심의 샷을 또 실수했을 때 멘탈은 땅에 떨어져 너널너덜해지죠. 쓰리 퍼트했을 때, 특히 가까운 거리에서 퍼팅이 들어가지 않았을 때 골퍼들은 여지없이 멘탈이 나갑니다.

볼이 분명 떨어진 곳을 봤는데 그 볼을 못 찾을 때, 그래서 로스트볼로 처리됐을 때, 골퍼의 정신은 혼미해집니다. 동반자의 비매너나 지나친 말방귀 때문에도 멘탈이 흔들립니다. 어떤 골퍼는 캐디와 궁합이 안 맞아서, 혹은 진행이 너무 느린 앞 팀 때문에, 때로는 아직 홀을 벗어나지도 않았는데 샷을 해버린 뒤 팀 때문에 멘탈이 탈탈 털리기도 하죠.

멘탈이 나가는 이유 중 하나는 선택에 대한 후회입니다. '내가 왜 그랬을까?' '왜 그 클럽을 잡았을까?' '왜 굴리지 않고 띄우려고 했을까?' '왜 직접 공략했을까?' 골프는 운동량만큼 생각의 양이 많습니다. 그 많은 생각이 멘탈에 영향을 미칩니다. 그럼 어떻게 땅바닥에 떨어진 멘탈을 다시 잡아 정상으로 끌어올릴 수 있을까요?

첫 번째는 '잊기'입니다. 망각입니다. 무조건 잊는 겁니다. 일단 잊으려고 노력하세요. 잊는 것을 결과가 아닌 시도와 과정에 놓아보세요.

두 번째는 '걷기'입니다. 걷다 보면 기분이 좋아지고 집중하게 되는 도파민이 분비됩니다. 멘탈이 흔들릴 때는 걸어봅시다.

세 번째는 '마시기'입니다. 호흡을 크게 들이마시세요. 자신을 조금 더 편안하게 만드세요. 축구의 페널티킥 순간이라든가, 농구에서 자유투 던질 때를 보면, 선수들이 큰 숨을 쉬잖아요. 그리고 '물 마시기'입니다. 골프 중계를 보면 선수들이 틈날 때마다 물 마시는 장면을 흔히 볼 수 있습니다.

네 번째는 '먹기'입니다. 간단한 과자, 초콜릿, 바나나, 견과류 등을 먹으면 흔들리는 멘탈에 좋습니다. 가볍게 먹는 것은 멘탈 관리를 위한 아주 좋은 습관입니다.

다섯 번째는 '거리 두기'입니다. 나의 멘탈을 자꾸 흔드는 동반자와 거리를 두세요. 얄밉고 보기 싫은 인간, 옆에서 계속 보면 더 힘듭니다.

여섯 번째는 '여유 갖기'입니다. 실수할수록 사람은 서두르게 됩니다. 빨리 만회하고 싶은 마음 때문인데요. 짧은 퍼팅에서 실수하고 나면 반드시 충분한 시간과 여유를 가지세요.

멘탈이 나갔을 때 다시 잡으려면 5'기'를 생각하세요. 잊기, 걷기, 마시기, 먹기, 거리 두기, 여유 갖기입니다.

18홀 인생

18홀 동안

그 사람이

살아온

수십 년이 보인다.

어떤 사람은

첫 홀에서 다 보인다.

잃고 싶지 않다

골프장에서

볼 잃어버려도

스코어

잃어도

돈

잃어도

사람은 잃고 싶지 않다.

골프라는 인생

볼은
늘 평지에
놓여 있지 않다.

인생도
늘 평지에
서 있지 않다.

볼은
늘 페어웨이에
놓여 있지 않다.

인생도
늘 페어웨이를
걷지 않는다.

벙커 3

앞 벙커
피했는데

뒤 벙커에
들어간다.

작은 벙커 피했는데

큰 벙커로 들어간다.

인생도….

아름다운 홀

길을 잃은 볼은

풍경 속으로

사라졌다.

가장 아름다운 홀은

가장 위험하다.

카트 길

카트 길 때문에

볼이 밖으로
나가기도 하고

카트 길 덕분에

볼이 안으로
들어오기도 한다.

카트 길은
카트만
지나다니는 길이 아니다.

볼의 운명이
갈리는
길이다.

세계, 살살

세게 친다고
멀리
가지 않는다.

그렇다고

살살 친다고
똑바로
가지 않는다.

그게 골프다.

차라리

잔디 없는
페어웨이보다
차라리
러프가 낫다.

그린 끄트머리보다
차라리
그린 밖 주변이
편하다.

저 무시무시한 러프보다
차라리
벙커가 좋다.

차라리 이게 낫다.

세상의 모든 트러블에는
'차라리'가 있다.

트러블은 마음속에 있다.

생각부터 탈출하자.

깨닫다, 까먹다

연습장에서 깨닫고

필드에서 까먹고

깨닫고

까먹고

그러는 사이

돈도 까먹는다.

물

골프장 물은

풍경이 된다.
사진이 된다.
시그니처가 된다.

그리고

벌이 된다.

물은 내 볼을 먹고

난

1벌타를 먹는다.

대가리 맞았어

동그란 것에
위아래가
있었네

작은 볼에
대가리가
있었네

작은 볼인지
알았는데

그 안에

큰 세계가 압축돼 있었네.

무서운 사람

드라이버로
멀리 보내는
사람보다

어프로치로
가까이 붙이는
사람이 더 무섭다.

무서운 사람이 되어야겠다.

필드에서는….

지금의
라이

나는 지금
어떻게 서 있는가

똑바로 서 있는가
오른쪽, 왼쪽으로
기울어져 있는가
앞으로 기울어져 있는가
뒤로 물러나 있는가

삶의 무게는
한쪽으로
쏠려있을 때
더 무겁다.

인생의 라이는
한쪽으로
치우쳐 있을 때
위태롭다.

두 발을 딛고 있는 땅은
평지였다,
경사지였다,
울퉁불퉁했다.

평평할 땐
계속 그렇게 편할 줄
알았지만

내리막과 오르막은
늘
생각보다 빨리 왔다.

인생은

올라가야
결국 평평해지고
더 내려가야
또 평평해진다.

나는 지금
어디에 서 있는가.

골프가 인생에
가르쳐준 것들

慾

연습보다 실전에서 잘하고 싶은 당신에게

나의 도전은 아직 끝나지 않았다

승부욕

숏퍼트

짧다

실전

허물

탈의

무념무상

멘탈

힘

힘..들..다

부럽다 1

부럽다 2

연습 1

연습 2

연습 3

욕망의 강

고수와 하수 3

구력 2

골프가 인생에 가르쳐준 것 2

연습보다 실전에서
잘하고 싶은 당신에게

라운드 전날 연습장에 갑니다. 드라이버부터 우드, 아이언을 거쳐 웨지까지 심지어 몇 개 쳐본 퍼터까지 안 되는 게 없습니다. '내일 필드에서 사고 치겠는데…'라고 생각하죠. 집으로 돌아와서 골프 중계를 봅니다. 선수들의 멋진 플레이를 보면 왠지 내일 잘될 것 같습니다. 로리 맥길로이처럼, 넬리 코다처럼 치게 될 것 같습니다. 그리고 필드에 나갑니다.

어땠나요? 기대한 만큼 잘 맞던가요? 혹시 "이상하다. 분명 연습장에선 잘 됐는데…"라는 말을 홀당 한 번씩 하지는 않았나요? 왜 그럴까요? 연습장의 그 샷이 필드에서는 왜 나오지 않는 것일까요? 몇 가지 이유가 있겠죠.

일단 연습장 매트는 많은 사람이 쳐서 움푹 파인 매트를 피하면 무조건 평지의 좋은 라이입니다. 실내 연습장이라면 온도도 최상입니다. 동반자의 말방귀도 없으니, 심리적으로도 편안한 상태입니다. 계속 샷을 하다 보면 몸에 땀도 나면서 충분히 몸이 풀립니다. 최상의 샷을 할 수 있는 최적의 조건들이 갖춰집니다. 게다가 우리는 대부분 연습 초기의 나쁜 샷들을 기억에서 지워버립니다. 잘 맞은 샷들만 선택적으로 기억하죠.

연습장에서처럼 샷이 안 되거나 전반엔 좋았는데 후반에 샷이 망가졌다면 S. T. A. B. 이 네 가지를 생각해보세요.

첫째, 스윙 템포입니다. 분명히 템포가 연습장에서보다 필드에서 짧아져 있을 겁니다. 빠른 거죠. 급하고요. 테이크어웨이부터 천천히 해보십시오. 천천히, Slow의 S입니다.

둘째, 회전입니다. 템포하고도 관련이 있습니다. 연습장에서도 첫 샷부터 잘 맞지 않는 이유는 처음부터 백스윙 때 충분히 회전하지 않았기 때문입니다. '왼 어깨를 턱까지 오게 한다, 가슴이 오른쪽을 본다, 등이 목표지점을 향한다' 이 회전이 필드에서 더 안 될 수 있습니다. 느낌은 골퍼에 따라 다를 수 있지만, 저는 가슴과 팔을 함께 오른쪽으로 돌린다는 느낌으로 백스윙하면 회전량

이 늘어나는 것 같습니다. 회전, Turn의 T입니다.

셋째, 에이밍입니다. 그곳에 보내려면, 클럽 헤드가 보내고자 하는 곳을 바라봐야 합니다. 하지만 이 에이밍이 생각보다 쉽지 않습니다. 대부분 주말 골퍼는 오른눈이 주시일 때 오른쪽을 보는 경향이 있습니다. 티잉 구역 자체가 우측이나 좌측을 향하고 있으면 골퍼들은 이를 고려해서 정확하게 에이밍하기 어려워집니다. 갑자기 샷의 방향성이 흔들린다면 왼발 스탠스를 조금 더 왼쪽을 향하게 오픈해보십시오. 혹은 왼쪽 어깨를 조금 오픈해보십시오. 조준, Aiming의 A입니다.

넷째, '팔로만 치는 스윙'입니다. 연습장만큼 샷이 안될 때는 내가 팔로만 치고 있는 것은 아닌지 점검하세요. 허리나 몸통을 활용하지 않고 팔로만 휘두르는 스윙을 하고 있는지 의심하세요. 겨드랑이를 조금 조여주고 팔과 몸통의 일체감을 준다면 다시 연습장에서처럼 굿샷을 날릴 수 있을지도 모릅니다. 벤 호건의 골프 레슨 영상 중에 "팔꿈치가 옆구리에 붙어 있다고 생각하세요."라는 영상이 있습니다. 이를 실천해보십시오. 몸통, Body의 B입니다. 이 네 가지 처방을 합치면 S.T.A.B.가 됩니다.

물론 연습보다 실전에서 더 강한 사람도 있습니다. 인생도 골프도 연습은 실전에서 결과로 남습니다. 연습장 샷과 필드 샷의 차이를 줄일수록 우리는 고수로 가는 길 위에 서 있을 것입니다.

나의 도전은
아직 끝나지 않았다

한 타를 줄이는 건 정말 어렵습니다. 구력이 오래된 골퍼일수록, 핸디캡이 낮은 골퍼일수록 더 어렵습니다. 시작한 지 얼마 안 된 골퍼들은 라운드를 거듭할수록 타수가 많이 줄어들지만, 골퍼의 타수는 어느 순간 과거의 추억처럼 박제되어 고정됩니다. 줄어들지 않습니다. 100개를 깨고 90개를 깨고 80대 중반까지 왔는데, 주말 골퍼들 꿈의 스코어인 '70대 타수'에는 도저히 도달하지 못합니다. 눈앞에 보이는 것 같은데, 고지가 바로 저기인데….

골퍼끼리 서로의 '라베', 라이프타임 베스트 스코어를 물어봅니다. 이 사람의 골프 실력이 어느 정도인지 궁금해서 마치 안부처럼 물어보는 것이죠. 누군가는 이렇게 답합니다. "라베가 ○○타야, 십 년도 더 된 일이지."라고요. 그렇다면 이 골퍼에게 더 이상의 '라베'는 없는 걸까요? 저는 그렇게 생각하지 않습니다. 물론 나이가 들면서 신체 능력이 떨어지고, 골프에 대한 열정과 노력이 줄어들면 그럴 수도 있겠죠. 하지만 보통 많다고 얘기하는 나이조차도 또 한 번, 아니 여러 번 라베를 경신할 수 있다고 생각합니다. 한 타 줄이기는 어렵지만, 한 타를 줄이기 위한 여러 가지 방법은 있습니다.

구력은 단순히 '요령'만 쌓이는 시간이 아닙니다. 수많은 경험이 쌓이고 그 사이사이에 기술이 연마됩니다. 골프를 대하는 태도나 멘탈도 시간이 흐를수록 여유가 생기면서 단단해집니다. 나이가 많은 골퍼도, 운동신경이 부족하다고 스스로 느끼는 골퍼도, '여기까지가 끝인가 봐'라고 포기하지 말고, 체념하지 마세요. 분명 더 나은 골프가 기다리고 있을 겁니다.

스코어는 요물과 같아서 줄어들 것 같지 않다가 줄어들기도 하고, 좋은 스코어를 낼 것 같았는데 막상 그렇게 되지 않습니다. 골프는 전날의 '벼락치기'로 좋은 점수를 받을 수 없습니다. 한 과목에서 좋은 점수 받아도 다른 과목에서는 낙제점에 가까운 점수를 받는 것이 골프입니다. 롱게임과 숏게임으로 크게 나누고, 드라이버샷, 우드샷, 아이언샷, 웨지샷, 벙커샷, 어프로치샷, 퍼팅 등이 시험 과목이라면 이 과목에서 모두 고른 성적을 올릴 때 '라베'라는 결과물이 우리에게 옵니다.

골프는 '벼락치기'보다 꾸준함의 운동입니다. "하루를 연습 안 하면 내가, 이틀을 연습 안 하면 동반자가, 사흘을 연습하지 않으면 갤러리가 안다."라는 격언도 있잖아요. 저는 70세가 다 돼서 인생 첫 70대 타수를 기록한 골퍼를 알고 있습니다. 또 다른 라베를 꿈꾸는 그에게 골프 연습은 매일의 루틴입니다. 꾸준해야 골퍼들이 얘기하는 '그분'이 오십니다. 라베하는 '그날'이 옵니다. 느린 걸음이라도 꾸준히 걸어갈 때, 그 걸음을 멈추지 않을 때, 그곳에 '마지막 라베'가 아닌 '또 하나의 라베'가 기다리고 있을 겁니다.

승부욕

누구나
지는 것을
싫어한다.

승부욕을,

웃음 뒤에
매너 뒤에

숨겨놓는 것이
골프다.

숏퍼트

가까울수록

자신 있는 사람이 있고

가까울수록

불안한 사람이 있다.

거리는

마음을 따른다.

짧다

지나가게
치려고
했는데

또, 짧다.

난, 늘, 모자란다.

실전

연습보다

실전에서

더 잘하고 싶다.

인생도

실전이니까

허물

어떤 사람은
골프장에서
다른
사람이 된다.

골프는
사람의
허물을 벗긴다.

18홀 동안
홀딱 벗긴다.

탈의

골퍼가
옷을 벗는다.

더워서도
벗지만

한번
잘 쳐보려고
벗는다.

그럴듯한
핑계 하나 벗는다.

무념무상

우리는
볼을 앞에 두고
너무 많이
생각한다.

정작
볼은
아무 생각 없는데….

멘탈

체력이
강해야
멘탈도 강해진다.

마음은
몸 안에 있으니까.

힘

맞바람일 땐
바람
이기려
힘 들어가고,

뒤바람일 땐
바람
태우려
힘 들어간다.

물론

바람
없을 때도
힘은 들어간다.

힘..들..다

볼을
보기만 해도
힘이 들어간다.

채를
잡기만 해도
힘이 들어간다.

힘이 들어간다.
힘..들..다.

부럽다 1

라운드 마치고

락커룸에 들어왔는데

라운드하러

락커룸으로 들어오는 사람….

난 끝났는데

당신은 시작이네요.

부럽다 2

비가 떨어지기 시작해서

우산 꺼내는데

18홀 끝내고

들어오는

사람들

난 맞을 건데

당신은 피했네요.

연습 1

연습해도
골프가
안될 수 있다.

하지만

연습 안 했는데
골프가
잘될 수는 없다.

연습 2

네가
하루 한 번
연습할 때

그놈은
아침저녁으로
연습한다.

연습부터
이기자.

연습 3

연습할 땐
잘됐는데

필드에선
안 되네

연습할 때
더
잘돼야

필드에서
덜
안 된다.

욕망의 강

나와 볼 사이에는
욕망의 강이 흐른다.

우리는
그 강에 빠져
허우적거리며

왜
연습 스윙과
실제 스윙이 다르냐며

절규한다.

고수와 하수 3

고수는
배판에서
잘한다.

하수는
배판을
잘 부른다.

구력 2

구력은

시간의 길이가 아니라

볼을 친 개수

오래 친 사람이

많이 친 사람

못 이긴다.

한 타를
지키려다

한 홀을
잃는다.

'골프 좌우명'이
있나요?

'좌우명'이란 후한(後漢) 학자 최원이 자신의 행실을 바로잡기 위해 글을 지어 자리[座] 오른쪽[右] 쇠붙이에 새겨 놓았다[銘]는 데서 유래한 말입니다. 좌우명, 영어로는 '모토(motto)'라고 할 수 있겠죠. 골프는 역사가 오래됐고 전 세계에 널리 퍼져서인지 수많은 이야기가 있고, 명언도 많습니다. 그 많은 명언 중에 혹은 스스로 만들어낸 말 중에 내가 앞으로 골프 하면서 이 말을 좌우명, 모토로 삼겠다는 나의 골프 표어가 있으신가요? 저는 몇 개 있습니다. 누군지 기억나지 않지만, 전설적인 한 골퍼가 이런 말을 했습니다. "나는 실수했을 때, 패배했을 때도 웃음을 잃지 않는 것을 배웠다." 골프가 왜 '매너와 에티켓의 운동'인지 생각하게 하는 격언입니다.

제 좌우명은 "승리했을 때 우아함을 잃지 말고, 졌을 때 품위를 잃지 말자."입니다. 잘 쳤다고 너무 출랑대지 말고, 못 쳤다고 너무 자책하지 말자는 뜻이죠. 골프란 감정을 차분히 다스리며 같은 걸음으로 걸어가는 운동이라고 생각합니다. 기술적인 좌우명도 있습니다. "루틴은 간결하게, 스윙은 여유 있게."

입니다. 나는 지금 반대로 하고 있지 않나 스스로 점검하게 하는 좌우명입니다. 어떤 골퍼는 골프 좌우명이 매우 현실적입니다. "죽어도 쓰리 퍼팅은 하지 말자."입니다. 이런 맥락이라면 저는 "무조건 지나가게 치자. 짧게는 치지 말자."를 좌우명으로 삼겠습니다. 제 골프 인생을 뒤돌아보면 퍼팅이 짧았던 적이 압도적으로 많았습니다.

골프 에티켓이란 관점에서 제가 항상 생각하는 문장이 있습니다. "타인에게 관대하게, 자신에게 엄격하게."입니다. 쉬워 보이지만, 골프라는 복잡한 생각의 흐름과 멘탈이 요동치는, 그래서 수양에 가까운 스포츠에서 마냥 쉬운 일은 아닙니다. 나이 들수록 희망이 되는 모토도 있습니다. 바로 전설의 골퍼 톰 왓슨이 한 말인데요. "나의 스윙은 늙지 않는다. 나의 스윙은 성숙해진다."입니다. 그렇습니다. 골프란 60대가 30대를 이길 수 있는 유일한 스포츠입니다. 나이 들수록 거리가 줄고 롱게임에서 약해질 수 있지만, 정교함과 감각은 농익어가고 멘탈 역시 강해지니까요.

"그냥 공놀이에 무슨 좌우명까지 필요해?"라고 말할 수도 있습니다. 우리가 골프에서 배우는 것은 스윙과 샷 기술만이 아닙니다. 샷 사이사이 4시간 라운드 곳곳에는 인생의 지혜가 놓여 있습니다. 한번 만들어보세요. 그리고 당신이라는 골퍼의 가슴에 붙여보세요. '골프 좌우명!'